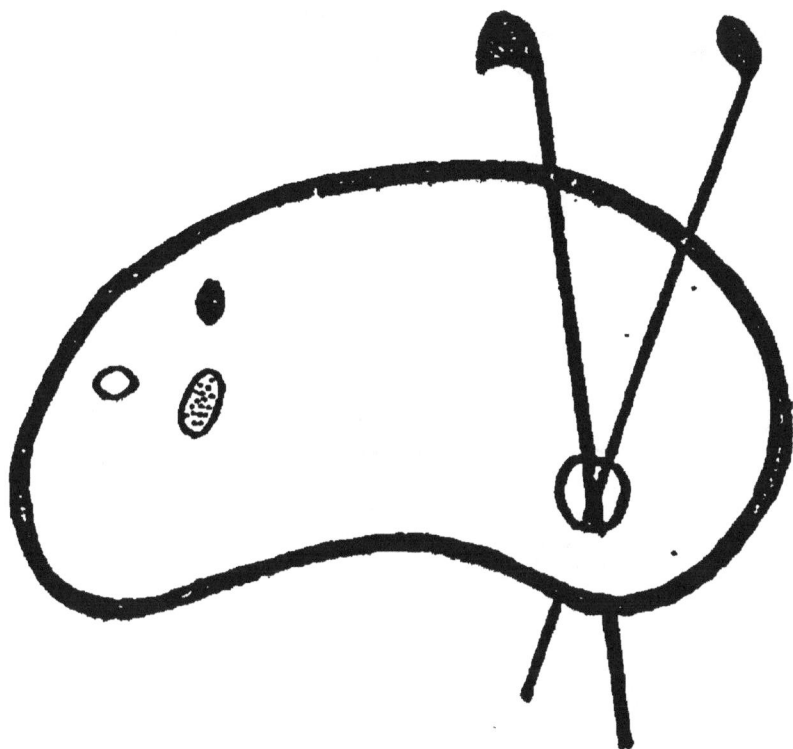

DEBUT D'UNE SERIE DE DOCUMENTS
EN COULEUR

LES
DROITS ACQUIS

CHAMBÉRY
IMPRIMERIE SAVOISIENNE
5, Rue du Château, 5

1903

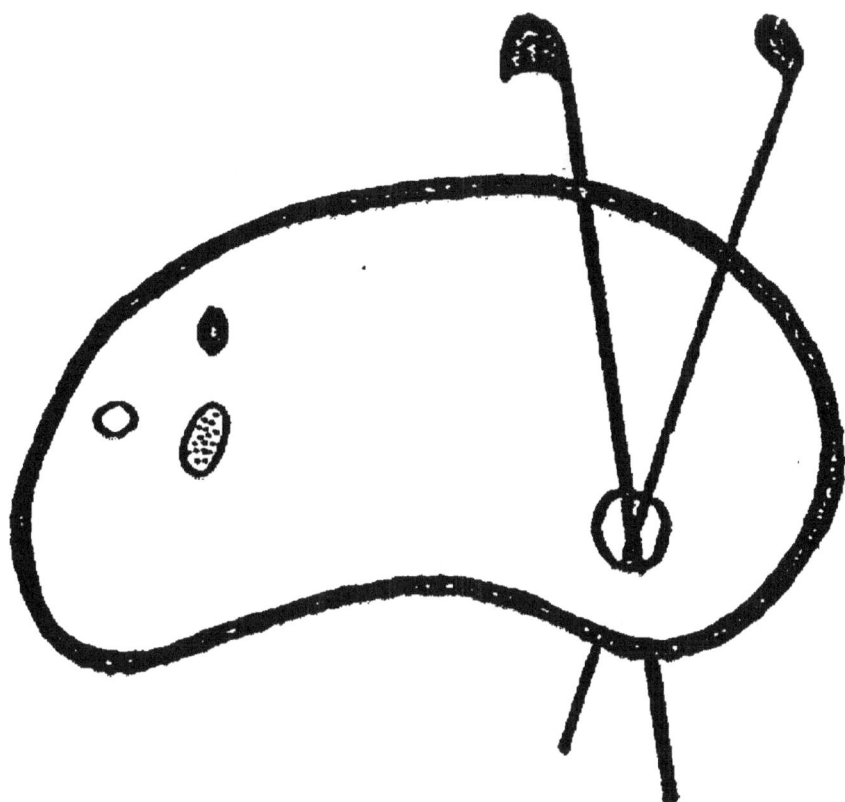

FIN D'UNE SERIE DE DOCUMENTS
EN COULEUR

LES

DROITS ACQUIS

CHAMBÉRY

IMPRIMERIE SAVOISIENNE

5, Rue du Château, 5

—

1903

LES DROITS ACQUIS

Après notre Cour d'Appel, nos Congrégations religieuses.

Le 13 juillet 1901.

Le 1er février 1901, au cours de la discussion du budget de la justice, M. Monis, garde des sceaux, fit, avec la plus ferme assurance, cette grave déclaration, devant le Sénat :

« On s'effraie de mon langage, lorsque je dis « qu'on peut supprimer quelques Cours. J'en ai « une dans l'esprit : non celle d'Angers, comme « vous paraissez le croire ; mais celle de *Cham-* « *béry. Quand on voudra, on pourra la supprimer et* « *rien ne serait plus facile.* »

Cette étrange menace, qui fut immédiatement et vertement relevée par notre honorable sénateur, M. Perrier, produisit, en Savoie, la plus vive émotion.

Le 28 juin, M. Wadeck-Rousseau, président du Conseil des ministres, répondant à la question, que notre honorable député, M. Chambon, lui avait posée au sujet de l'application de la loi sur les associations, aux congrégations religieuses de la Savoie, fit, à son tour, cette déclaration, devant la Chambre des députés :

« En ce qui concerne les congrégations du dé-

« partement de la Savoie, le Conseil d'Etat, con-
« sulté par moi, a considéré qu'elles ne sont pas
« fondées à se prévaloir d'un régime spécial. Elles
« peuvent contester cette opinion : elles ont alors
« à opter entre deux voies : demander immédiate-
« ment l'autorisation, ce qui les couvre contre
« *toute espèce de péril*, ou, s'il leur plaît au con-
« traire de tenter la fortune judiciaire, soutenir
« devant les tribunaux qu'elles ont une charte par-
« ticulière et qu'elles doivent être considérées
« comme autorisées.

« Mais si, après un an, dix-huit mois ou deux
« ans, l'instance administrative ayant pris fin, il
« vient à être jugé que ces congrégations n'ont pas
« de charte spéciale et qu'elles ne sont pas autori-
« sées, il est évident qu'elles tomberont sous l'ap-
« plication de la loi.

« Je crois donc qu'il serait prudent pour elles,
« comme pour toutes celles qui se prévalent d'une
« situation particulière, de solliciter d'abord l'au-
« torisation, ce qui les couvre contre toute espèce
« de risques.

« En tout cas, la Chambre ne peut décider que
« le délai imparti par la loi aux congrégations re-
« ligieuses pour se faire autoriser ne commencera
« à courir pour celles qui auraient confié leur sort
« à une décision judiciaire que du jour où leur
« recours contentieux aura été repoussé. »

Cette déclaration, louche et insidieuse, a produit
également, en Savoie, l'émotion la plus vive et la
plus légitime, qui est loin de se calmer, parce
qu'elle soulève de nouveau la question des droits
acquis, intéressant tous les Savoyards, sans dis-
tinction d'opinions et de partis. En effet, d'après
l'avis du président du Conseil, les congrégations
religieuses de la Savoie ne seraient pas plus intan-
gibles que la Cour de Chambéry, suivant l'opinion
du garde des sceaux, et leur existence future dé-
pendrait exclusivement du bon vouloir des Cham-

bres, de celui du gouvernement ou de décisions des tribunaux, et ce malgré le vote conditionnel des Savoyards en 1860, malgré les traités internationaux, conclus à cette époque, malgré les nombreuses assurances données et les nombreux engagements pris, soit avant, soit après, par les représentants de la France, enfin, malgré 41 ans de possession conforme et paisible.

Il est vrai que dans un entretien qu'il a eu le 12 juin, avec les représentants de la Savoie, M. Monis leur a déclaré, tout d'abord, qu'il ne supposait pas, quand il les a prononcées au Sénat, que ses paroles produiraient un tel effet, en Savoie; qu'il leur a donné, ensuite, à plusieurs reprises, l'assurance que ni le gouvernement, ni lui, ministre de la justice, n'avaient nullement l'intention de supprimer la Cour de Chambéry.

Dans sa lettre à M. le Maire de Chambéry pour lui faire part de cette déclaration, M. le sénateur Perrier ne lui dit pas que le ministre ait fait connaitre à nos représentants les motifs du changement radical d'opinion et de résolution, opéré chez lui, au sujet de notre Cour : le 1er février il déclare solennellement au Sénat qu'il a dans l'esprit cette Cour, comme devant être supprimée et pouvant l'être très facilement ; le 12 juin, il assure, au contraire, avec insistance, aux représentants de la Savoie, qu'il n'a nullement cette intention, non plus que le gouvernement. Que s'est-il donc passé entre ces deux dates, qui puisse expliquer ce volte-face ? Il est probable que le vote des Savoyards en 1860 et les traités internationaux de cette époque, invoqués dans les nombreuses protestations que la menace ministérielle souleva en Savoie, auront donné à réfléchir à nos gouvernants et leur auront démontré que la suppression de la Cour n'était pas si facile qu'ils se l'étaient imaginé. La récente lettre de M. Monis à nos sénateurs et à nos députés est venue confirmer cette opinion.

Quoi qu'il en soit, prenons acte de cette autre déclaration du garde des sceaux, et passons à l'examen de celle du président du Conseil. Nous l'avons qualifiée d'insidieuse, parce que si les congrégations de la Savoie suivent le conseil qui leur est donné de demander immédiatement l'autorisation, et qu'elle leur soit refusée, pourront-elles ensuite compter encore sur une décision judiciaire favorable, qui serait contraire à celle des Chambres? Et, si elle leur était accordée, n'auraient-elles pas, en la sollicitant, jeté au feu leurs anciens statuts, leurs chartes spéciales, pour ne plus devoir, à l'avenir, leur existence civile et juridique qu'au bon vouloir des Chambres, qui croiront avoir toujours le droit de leur enlever le lendemain ce qu'elles leur auraient accordé la veille?

Quelque parti qu'elles adoptent, il est cependant évident, pour tout esprit clairvoyant et impartial, que si la Cour de Chambéry a un droit acquis à son maintien et si son intangibilité a été enfin reconnue, les congrégations de la Savoie peuvent également invoquer ce droit acquis et cette intangibilité, et, même, avec plus de raisons que cette Cour; car celle-ci n'a jamais été qu'un des éléments constitutifs du pouvoir public ou de la puissance souveraine de l'Etat, incapable d'acquérir et de posséder; tandis que les congrégations sont ou tout au moins peuvent être de véritables personnes civiles et juridiques: qu'elles ont de plus que la Cour, à l'appui de leur maintien et de leur intangibilité, des textes formels de traités internationaux et de lois particulières de l'Etat.

Pour démontrer cette vérité aux personnes qui n'en seraient pas entièrement convaincues, il importe de leur faire connaître qu'elle était la condition de ces congrégations au moment de l'annexion et ce qui a été fait pour elles, à son occasion.

La loi sarde du 29 mai 1855, dite d'incamération,

avait décrété la suppression des ordres religieux,
sauf de ceux voués à l'enseignement, à la prédica-
tion ou à l'assistance des malades, la confiscation
de leurs biens, au profit de l'Etat, et la création
d'une caisse spéciale, dite caisse ecclésiastique,
chargée de l'administration de ces biens. Un décret royal, désignant les ordres frappés de suppression, parut le même jour.

A l'époque de la publication de cette loi, les
ordres religieux à Chambéry étaient au nombre de
six : celui des Capucins, ceux des Carmélites, de la
Visitation, du Sacré-Cœur, des Frères de la Doctrine chrétienne et des Sœurs de Saint-Joseph. Les
deux premiers tombèrent seuls sous l'application
de la loi d'incamération. En conséquence, le 24
juillet 1855, les représentants de l'Etat, entourés
d'une compagnie de bersagliers et suivis d'ouvriers
mis à réquisition, firent ouvrir de force les portes
des couvents des Carmélites et des Capucins. Les
Dames de la Visitation, protégées par la bienveillance spéciale du comte de Cavour, n'avaient pas
été portées sur le décret royal de suppression :
on comptait parmi elles Mesdames Anne de
Viry, Elise de Faverges, Agnès de Saint-Bon,
Henriette d'Agoult, etc. Les Sœurs de Saint-
Joseph, spécialement exceptées, et les Frères de la
Doctrine chrétienne, en leur qualité de corps ensei-
gnant, n'eurent rien à craindre. Les Dames du
Sacré-Cœur, bien que non comprises dans le
décret ci-dessus, ne redoutaient pas moins le
sort des Jésuites, chassés de leurs Collèges, en
vertu d'une loi de novembre 1850. L'influence française les avait sauvées jusque-là ; mais en novembre 1855, le ministre de l'instruction publique,
Lanza, leur enjoignit d'avoir à se présenter, dans
les huit jours, aux examens universitaires, qui
donnaient droit au diplôme de capacité, si elles ne
préféraient fermer leur pensionnat. Elles le fermè-
rent effectivement, après avoir perdu en cassation,

le 5 juin 1856, le procès qu'elles soutenaient contre l'Etat.

Les autres ordres religieux, atteints par les actes du gouvernement sarde, avaient aussi porté la question de leur existence et de leurs propriétés devant les tribunaux. Le procès des Capucins et des Carmélites fut plaidé une première fois à la Cour, le 25 mai 1855. La caisse ecclésiastique, battue dans ses prétentions, laissa les congrégations jouir paisiblement de leurs biens jusqu'en 1857. En cette année, la Cour de cassation, cassant un arrêt de la Cour d'appel de Gênes, décida que toutes les maisons religieuses, contemplées dans le décret royal du 29 mai 1855. étaient légalement supprimées, quelles que fussent leurs raisons pour prétendre le contraire.

Cet arrêt remettant tout en question, les procès recommencèrent en Savoie; mais les couvents trouvèrent encore des armes assez bonnes pour faire ajourner toute décision définitive jusqu'à des temps meilleurs. Une rumeur d'annexion à la France courait dans la province; la meilleure tactique était de greffer opposition sur opposition pour éviter une mesure fatale, qui eût été sanctionnée par le nouveau gouvernement.

Le traité d'annexion du 24 mars 1860 vint justifier ces pressentiments et sauver, en Savoie, les congrégations religieuses frappées de proscription par la loi du 29 mai.

Trois faits principaux ont, en 1860, garanti et assuré l'existence future de toutes ces congrégations, contre toute entreprise contraire du gouvernement français ; ce sont : 1° le vote conditionnel et presque unanime de la population savoyarde, le 29 avril ; — 2° la convention internationale, conclue à Paris, le 23 août, entre la France et la Sardaigne, promulguée en France par décret impérial du 22 novembre ; — 3° le décret impérial du 20 décembre suivant.

1º *Vote du 29 avril 1860.* — Nous savons par la déclaration que M. le comte de Cavour fit à la Chambre des députés de Turin, le 26 mai 1860, que lorsque le traité d'annexion du 24 mars fut négocié, le gouvernement du roi Victor Emmanuel proposa le suffrage universel et que cette idée ne fut pas immédiatement accueillie par le gouvernement français : l'Empereur ne voulait devoir la Savoie qu'à sa volonté personnelle ; mais le roi, qui regrettait si vivement et si ostensiblement la cession du duché, berceau de sa famille, exigea impérieusement que l'annexion fût le résultat du vote libre des Savoyards, afin de leur permettre d'imposer à la France, comme conditions de cette annexion, le respect et le maintien de certaines de leurs institutions, propres à conserver à leur pays, au sein de la nouvelle patrie qu'ils allaient lui donner, le souvenir et des traces de son ancienne autonomie : autonomie qui avait fait de la Savoie la *portière des Alpes* et dont M. le comte d'Haussonville, de l'Académie française, rappelle, avec tant d'à-propos et tant de sentimentalité, les glorieux souvenirs, dans son récent et si remarquable ouvrage sur la Duchesse de Bourgogne, fille du duc de Savoie, Victor-Amédée II, et mère du roi de France Louis XV.

Dans sa note du 13 mars 1860, aux puissances étrangères, pour les rassurer sur le nouvel agrandissement de la France et pour désarmer leur opposition, Thouvenel, ministre des affaires étrangères, protesta pareillement, avec énergie, sur l'intention de l'empereur de ne vouloir tenir la Savoie que du libre assentiment du roi de Sardaigne et des populations ; en sorte que l'annexion demeurera exempte de toute violence, comme de toute contrainte.

Ainsi libres de leur sort, les Savoyards votèrent, presqu'à l'unanimité, leur réunion à la France ; mais sur l'engagement d'honneur, pris solennellement par l'empereur, le 21 mars 1860, aux Tuileries et devant les quarante notables savoyards qui lui apportaient les vœux de la Savoie, *de réaliser toutes leurs espérances*.

Or, parmi ces espérances et ces vœux, figuraient certainement, comme condition du vote prochain des Savoyards, le maintien, sans limitation de durée, de plusieurs de leurs anciennes institutions, mais notamment de la Cour de Chambéry et de leurs congrégations religieuses, nées, quelques-unes, en Savoie même, et dont l'une d'elles devait sa fondation, en 1610, à saint François de Sales, leur immortel compatriote.

Il est un fait certain que la loi sarde du 29 mai 1855, contre les ordres religieux, produisit une impression pénible en Savoie et que les actes de violence brutale, qui accompagnèrent sa tentative d'exécution contre les Carmélites et les Capucins de Chambéry, et contre la maison royale des moines d'Hautecombe et un grand nombre d'autres couvents, soulevèrent un blâme énergique et une indignation générale, qui firent autant pour le succès de l'annexion que toute autre considération. Aussi la population, dans le but d'épargner à son pays le renouvellement de pareils actes de violence contre des citoyens paisibles et contre leurs biens légitimement acquis et possédés, fit-elle du maintien de ses vieilles congrégations une condition certaine de son vote du 29 avril 1860.

Ce vote, émis dans de pareilles circonstances, sur la foi en un engagement d'honneur du chef de l'Etat français, annula certainement, pour ces congrégations, tous les effets de la loi d'incamération, les replaça dans leur condition antérieure et leur en assura définitivement et irrévocablement le maintien.

La preuve matérielle en ressort, du reste, des deux documents ci-après.

2° Convention internationale du 23 août 1860. —
L'annexion n'étant due qu'au libre assentiment du
roi Victor-Emmanuel et de la population, il était
naturel que le traité du 24 mars stipulât, article 4,
que le règlement des diverses questions auxquelles donnerait lieu l'annexion, serait arrêté définitivement, d'un commun accord, par les deux gouvernements contractants. Au contraire, le traité de
Paris du 15 mai 1796 qui suivit l'armistice de
Cherasco, ne renfermait pas cette stipulation, parce que la cession, à cette époque, étant le résultat
de la conquête, la France n'avait pas à prendre
l'avis du roi de Sardaigne, son vaincu, pour régler
avec les Savoyards les questions résultant de cette
cession forcée.

En exécution de cet article 4 du traité du 24 mars,
une commission mixte fut nommée pour préparer
les bases du règlement qu'il prévoyait. Le travail
de cette commission donna lieu à la convention
diplomatique du 23 août 1860, dont l'article 7 est
ainsi conçu :

« Les collèges *et tous autres établissements publics*
« existant dans la Savoie et l'arrondissement de
« Nice, constitués d'*après les lois sardes en personnes*
« *civiles pouvant acquérir et posséder, conserveront*
« *la propriété de tous leurs biens, meubles et immeu-*
« *bles*, et les sommes existant dans leurs caisses
« au 14 juin 1860. Les subventions annuelles ou
« les bourses dont ils jouissaient aux frais de
« l'Etat cesseront, à la même date, d'être à la charge
« du gouvernement de Sardaigne. »

Le texte de cet article étant absolument général,
embrasse donc toutes les personnes civiles pouvant
acquérir et posséder, et il crée pour elles toutes un
droit acquis à l'existence et à la propriété. Il peut
donc être invoqué par toutes les maisons religieuses de la Savoie, avec autant de droit que tous autres établissements publics ; car ce caractère public
ne peut raisonnablement leur être contesté. C'est

ainsi que cet article a été constamment interprété par tous les jurisconsultes qui l'ont étudié, et il n'est pas admissible que cette interprétation ne soit pas consacrée par les tribunaux, si cette question leur était soumise. Le décret du 20 décembre 1860 fut rendu d'ailleurs pour lever tout doute à ce sujet.

3° *Décret du 20 décembre 1860.* — Quelques jours avant la présentation du traité du 24 mars 1860 au Sénat de Turin, le comte de Collobiano demanda la parole sur la situation qui était faite aux diverses corporations religieuses existant dans les territoires cédés et dont plusieurs soutenaient des procès pour sauver leurs biens et même leur existence.

Le comte Alfieri, président du Sénat, lui répondit, à la séance du 31 mai, que cette question n'avait pas été négligée par le gouvernement du roi, qui avait déjà envoyé à Paris une personne chargée de la négocier. Une commission internationale fut en effet nommée dans ce but et, le 20 décembre 1860, parut un décret impérial déclarant abandonnées toutes poursuites en revendication de propriétés intentées, au nom de l'ancienne caisse ecclésiastique, contre les différentes communautés de Savoie.

Ces communautés étaient donc reconnues complètement et définitivement propriétaires de leurs biens et, par là-même, leur existence civile, déjà garantie par l'article 7 de la convention diplomatique du 23 août, était de nouveau assurée ; car il est de principe élémentaire qu'une corporation religieuse n'est capable d'acquérir et de posséder qu'autant qu'elle a une existence civile et juridique. Le gouvernement français l'a constamment entendu ainsi, puisqu'il ne s'est jamais prévalu de l'article 3 de la convention diplomatique, qui lui avait transféré la propriété des biens, attribués à la caisse ecclésiastique.

Dès lors, il était absolument superflu et inutile que le décret reconnût textuellement les congrégations ; cette reconnaissance eût pu être dangereuse et contraire à son esprit ; c'était s'exposer à porter atteinte à la reconnaissance que ces congrégations tenaient déjà d'après les lois sardes et s'immiscer dans des questions dont la solution pouvait dépendre exclusivement de leurs anciens statuts. Aussi, le législateur français eut-il soin de déclarer, dans l'article 2 du décret, que les maisons religieuses ne pourraient se prévaloir de ses termes, comme impliquant une reconnaissance par le gouvernement de leur existence civile.

Toute autre interprétation de cet article serait en contradiction formelle avec l'esprit qui a dicté le décret et injurieuse pour le Souverain. Ce serait, en effet, lui attribuer la croyance absurde que les congrégations, par le seul abandon des poursuites en revendication de leurs biens, en demeureraient paisiblement propriétaires, sans avoir, cependant, ni existence civile ni capacité juridique.

En résumé, pourquoi nos congrégations religieuses n'auraient-elles pas le droit d'invoquer les faits et les documents que nous venons d'analyser rapidement, pour prétendre à leur intangibilité et pour se soustraire légalement à l'application de la loi antilibérale et tracassière du 1ᵉʳ juillet ?

Il est vrai que, depuis quelque temps, nos gouvernants se plaisent à soulever en Savoie des questions brûlantes et à agacer ses habitants par des menaces intempestives contre l'existence de leurs anciennes institutions publiques.

Avouons que cette conduite n'est pas celle d'hommes d'État sérieux, prudents et pacifiques ; mais celle de brouillons et de perturbateurs de la paix publique. Franchement, les Savoyards, en votant, en 1860, presqu'à l'unanimité et dans la plénitude de leur liberté, la réunion de leur pays à la

France, étaient loin de s'attendre au sort dont on les menace et à cette guerre ouverte contre leurs vieilles institutions, protégées cependant par des engagements publics et par des traités internationaux de la plus haute importance. Chaque nation contractante doit tenir à honneur que la signature de son Souverain, apposée sur ces traités, soit respectée par tout le monde.

Quelle étrange vicissitude des choses humaines et quelle dérision du sort, si la France, après avoir sauvé, en 1860, les couvents de la Savoie d'un second crochetage par les agents du gouvernement sarde les faisait elle-même crocheter aujourd'hui par ses propres agents et jeter à la rue leurs habitants, si honnêtes, toujours si paisibles, ne cherchant qu'à faire le bien !

Ce serait cependant dans la logique des faits actuels ; car, écrit Condorcet, une fois qu'on a dévié du droit chemin, plus on marche plus on s'égare, et il en est ainsi des gouvernements comme des individus.

Nous nous abstenons de parler de l'imprudence des menaces de nos gouvernants ; qu'il nous suffise, à ce sujet, de citer ce fait. Le 17 avril 1805 (27 germinal an XIV), Napoléon, en recevant le Conseil municipal de Chambéry, à l'hôtel de Bellegarde, où il était descendu la veille, avec l'impératrice Joséphine, lui tint ce langage :

Vous pouvez compter, Messieurs, que mon gouvernement aura toujours des égards particuliers pour les habitants du département du Mont-Blanc ; car je sais, pour en avoir fait l'expérience, que l'affection de ses populations frontières vaut plus pour la défense d'une nation qu'une rangée de forteresses.

Les Ordres religieux de la Savoie.

4 août 1901.

Considérés au point de vue de leur existence légale, les ordres religieux qui existaient en Savoie au moment de son annexion à la France, en 1860, et qui s'y trouvent encore aujourd'hui doivent être divisés en deux classes : ceux dont l'établissement en ce pays est antérieur au règlement particulier pour la Savoie, en date du 22 novembre 1773, et ceux établis postérieurement à ce règlement.

Dans la première classe doivent être compris, par rang de date de leur fondation, l'ordre des Capucins, celui de la Visitation et celui des Carmélites.

L'établissement en Savoie de l'ordre des Capucins date de la dernière moitié du xvi⁰ siècle. Le couvent de Chambéry fut fondé en 1576 et le dernier, par sa date, celui d'Yenne, en 1649.

Ce fut en 1610 que saint François de Sales jeta, avec Madame de Chantal, dans la ville d'Annecy, les fondements de l'ordre de la Visitation. La fille aînée du président Favre en fut une des premières religieuses. Le couvent de Chambéry fut fondé en 1614, avec l'approbation du Sénat de Savoie. C'est grâce à la bienveillance spéciale du comte de Cavour, dont la famille était unie à celle de saint François de Sales par des liens de parenté, que cette congrégation ne fut pas portée sur le décret royal, qui désigna les ordres religieux frappés de suppression par la loi sarde d'incamération du 29 mai 1855.

L'ordre des Carmélites fut établi en Savoie, l'année 1637, sur l'autorisation de la régente Christine de France, et approuvé par le Sénat, suivant arrêt du 23 janvier 1643.

Dans la classe des ordres religieux, postérieurs au règlement de 1773, doivent être principalement compris l'ordre des Frères de la Doctrine chrétienne, celui des Sœurs de Saint-Joseph et celui du Sacré-Cœur.

Fondé en 1679 par La Salle, chanoine de la cathédrale de Reims, et supprimé en 1792, l'ordre ou l'institut des Frères de la Doctrine chrétienne fut rétabli en France par décret impérial du 17 mars 1808. A la séance du Conseil d'Etat du 8 mai 1806, Napoléon avait annoncé, en ces termes, son intention de donner aux Frères des Ecoles chrétiennes une existence légale :

« Je ne conçois pas l'espèce de fanatisme dont « quelques personnes sont animées contre les « Frères : c'est un véritable préjugé. Partout on « me demande leur rétablissement ; ce cri général « me démontre assez leur utilité. La moindre « chose qui puisse être demandée par les catholi-« ques, c'est sans doute l'égalité ; car trente mil-« lions d'hommes méritent autant de considéra-« tion que trois millions. »

Par une délibération du 14 mai 1810, le Conseil municipal de Chambéry, sur une pétition du chanoine de La Palme, approuva l'établissement, en cette ville, d'une école municipale des Frères des Ecoles chrétiennes. Cet établissement fut plus tard approuvé par lettres-patentes du roi de Sardaigne, Victor-Emmanuel Ier, en date du 17 novembre 1817, et reconnu de nouveau par lettres-patentes du roi Charles-Albert, en date du 18 mars 1843.

Sœurs de Saint-Joseph. — C'est de l'année 1812 que date le premier établissement des Sœurs de Saint-Joseph en Savoie. Appelées d'abord à Aix-les-Bains, sur la recommandation de la reine Hortense et du cardinal Fesch, les religieuses de Saint-Joseph furent établies trois mois après à Chambéry. Les deux établissements d'Aix et de Chambéry furent légalement autorisés par le roi Victor-Emmanuel Ier. Le souvenir de ces religieuses est étroitement lié, à Aix-les-Bains, à la fondation, si philanthropique, de l'*Hospice de la Reine Hortense*, dont elles furent les premières desservantes ou garde-malades. Leur institut a pris, depuis soixante ans, un développement considérable en Savoie; il y a fondé la plupart de ses écoles primaires. En outre, les courageuses filles de Saint-Joseph de Chambéry répandent le bienfait de l'instruction et l'amour de la France dans toutes les parties du monde.

Sacré-Cœur. — Les Dames du Sacré-Cœur furent introduites à Chambéry en 1828. Le roi Charles-Félix les autorisa par billet royal du 21 mars 1828 et le Sénat les approuva par ordonnance du 28 même mois. Elles sont chargées, depuis plusieurs années, par l'Institution nationale des sourds-muets de Chambéry de la section des filles et rendent ainsi de grands services aux familles du pays.

Tels sont, ainsi divisés en deux classes, les principaux ordres religieux existant en Savoie au moment de l'annexion et s'y trouvant encore aujourd'hui.

La nouvelle loi sur les associations soulève à leur sujet trois questions du plus haut intérêt pour eux :

1° Ont-ils été régulièrement autorisés à leur origine et l'étaient-ils, en 1855, à la promulgation de la loi sarde de l'incamération, qui supprima certains ordres ?

2° Quelle condition leur a été créée par l'annexion de la Savoie à la France ?

3° Sont-ils autorisés aujourd'hui ?

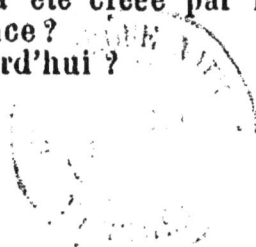

Le règlement particulier pour la Savoie, en date du 22 novembre 1773, fut une suite naturelle des Royales Constitutions de 1770. Il est demeuré en vigueur dans notre pays jusqu'au Code civil sarde de 1838. Avant sa publication, l'autorisation souveraine et l'approbation sénatoriale n'étaient point exigées pour que les ordres religieux eussent une existence légale, comme personnes morales. Son article 5, chapitre IV, livre Iᵉʳ, a prescrit pour la première fois et pour l'avenir seulement, cette autorisation souveraine, sans même parler de l'approbation sénatoriale. En conséquence, bien que les ordres, fondés avant ce règlement, se disent en possession de titres, les ayant formellement autorisés à leur origine, ils pourraient quand même, en leur absence, soutenir avec raison qu'ils sont réellement autorisés et qu'ils possèdent une existence civile et juridique. Le Sénat de Savoie l'a ainsi décidé lui-même, par un arrêt rendu le 9 mai 1846, sous la présidence du sénateur Grillo, premier président.

De cet arrêt, qui fit autorité, comme interprétation de cette disposition du règlement dont s'agit, ressortent ces trois points juridiques : le premier, que les corporations religieuses n'étaient point assujetties à l'autorisation souveraine avant la promulgation du règlement particulier du 22 novembre 1773 et qu'elles ont été implicitement approuvées par l'article 5, chapitre 4, livre 1ᵉʳ, de ce règlement ; le second, qu'à la Restauration elles ont pu se reconstituer sans avoir eu besoin d'aucune autorisation nouvelle; le troisième, que celles qui sont en possession ancienne du droit d'acquérir et de posséder ont conservé ce droit nonobstant les prohibitions des lois subséquentes.

Il est donc permis de conclure, avec certitude, que tous les Ordres religieux, établis en Savoie avant 1773, et s'y trouvant encore, possédaient une existence juridique et constituaient des personnes civiles, légalement reconnues, au moment de la publication de la loi sarde d'incamération et du décret royal y annexé, l'un et l'autre en date du 29 mai 1855, qui supprimèrent certains Ordres. C'est pour n'avoir pas pris connaissance du règlement et de l'arrêt ci-dessus que la Cour d'Appel de Chambéry, dans un arrêt rendu le 7 février 1884, sous la présidence de M. Auzias-Turenne, président de Chambre, a donné un démenti implicite au Sénat de Savoie, son célèbre devancier, en déclarant textuellement qu'il n'était aucunement justifié que l'Ordre des Mineurs Capucins ait joui, à Chambéry, à une époque quelconque, de la situation de personne morale autorisée.

Ainsi, d'après cette déclaration, l'Ordre des Capucins, qui est à Chambéry depuis plus de trois siècles, ne constitue cependant pas une personne morale autorisée. Pendant cette longue série d'années, cet Ordre, si sagace et si prudent, aurait acquis des biens qui auraient été constamment exposés au danger d'une revendication par l'Etat, faute par leurs acquéreurs de posséder la capacité légale d'acquérir !!!

Nous ne voulons pas discuter la valeur des nombreux titres placés sous ses yeux ; mais il est certain que si la Cour avait porté son attention sur le règlement de 1773 et sur l'arrêt interprétatif de 1846, elle n'aurait pas émis cet avis paradoxal.

« Ce n'est pas aimer la vérité que de ne l'aimer
« que flatteuse et agréable ; il faut l'aimer âpre et
« dure, affligeante et sévère ; il faut en aimer les
« blessures et les épines. » (Montaigne.)

Les Ordres religieux postérieurs au règlement de 1773, ayant tous été régulièrement reconnus, possédaient donc aussi une existence civile et juridique en 1855, au moment de la publication de la loi sarde d'incamération.

Il est vrai que quelques Ordres furent atteints par cette loi, mais virtuellement seulement et non point effectivement, puisqu'ils contestèrent devant les Tribunaux la légalité de l'application qu'on voulait leur faire de cette loi et que les procès, engagés à ce sujet. gagnés par eux en première instance. étaient encore pendants devant la Cour d'Appel au moment de l'annexion.

A cet événement, le règlement de la condition des Ordres religieux entra évidemment dans les prévisions de l'article 4 du traité international du 24 mars 1860, qui stipula que les diverses questions incidentes auxquelles donnerait lieu l'annexion seraient examinées et résolues par une ou plusieurs Commissions mixtes. Le travail de ces Commissions amena la convention diplomatique du 23 août 1860, et le décret impérial du 20 décembre même année, lesquels, en ce qui concerne les Ordres religieux, leur garantirent de nouveau leur ancienne existence juridique et la propriété de leurs biens. Leur maintien, sans limitation de durée, tels qu'ils existaient tous en 1855, avait déjà été une des conditions formelles du vote émis par la population, le 29 avril 1860, sur un engagement d'honneur du Chef de l'Etat français. Il constitue donc pour eux un véritable droit acquis, au même titre que le maintien de la Cour, de la maison de Saint-Benoît ou asile de la vieillesse fondé en 1822 par le général de Boigne, de l'Académie Florimontane d'Annecy, fondée en 1607 par saint François de Sales et son ami le président Favre, de l'Académie de Savoie, fondée en 1819, de l'ancienne Compagnie des Chevaliers-Tireurs existant déjà en 1509 et autres institutions publiques et personnes morales, notamment la zone douanière, établie, en 1860, dans le nord de la Savoie avec le concours de M. le baron Blanc, qui vient encore d'en défendre avec énergie le maintien contre les attaques intempestives de nos gouvernants, en démontrant son caractère international. La suppression de l'une quelconque de ces personnes morales ne serait pas seulement une violation flagrante de ce droit acquis, mais elle froisserait, de plus, maladroitement, chez une population frontière, récemment annexée, un vieux sentiment national, des plus naturels; elle troublerait profondément les familles et porterait la plus grave atteinte au commerce et à l'industrie, déjà si restreints en Savoie.

Les Capucins de la Savoie.

Nous avons annoncé déjà que les RR. PP. Capucins, si populaires en Savoie, avaient adressé au Gouvernement une demande en autorisation.

La note suivante, jointe à leur demande, expose leur situation particulière et les droits que ne pourrait pas se dispenser de leur reconnaître un gouvernement respectueux de la justice :

A Monsieur le Ministre de l'intérieur,

Le R. P. Supérieur du district de la Savoie, qui a signé la demande collective d'autorisation, ajoute les réserves suivantes à quatre des communautés indiquées dans ladite demande : Chambéry, La Roche-sur-Foron, Yenne et Albertville.

Ces communautés ont été autorisées par la législation sarde, au moment de leur fondation :

1° Chambéry, autorisée par lettres patentes sardes du 1er octobre 1818 ;

2° La Roche-sur-Foron (Haute-Savoie), autorisée par billet royal du 15 avril 1822 ;

3° Yenne (Savoie), autorisée par billet royal du 10 février 1824 ;

4° Albertville, section de Conflans, autorisée par patentes sardes du 24 décembre 1842.

Ces autorisations ont toujours été considérées par le gouvernement français comme parfaitement régulières. Ainsi :

1° Ces communautés ont toujours été soumises à l'impôt de mainmorte ;

2° Elles figurent comme autorisées dans les divers états des congrégations dressés en 1876 et en 1901, en exécution des décisions législatives ;

3° Il ne s'est point agi de les dissoudre en 1880 en vertu des décrets du 29 mars.

L'exposant estime donc que les quatre communautés ci-dessus sont autorisées au même titre que les communautés existant en vertu des lois françaises. C'est là une des conséquences de la non-rétroactivité des lois.

Toutefois, le Conseil d'Etat ayant admis dans son avis du 23 février dernier une solution contraire, le soussigné, pour éviter, si c'est possible, des décisions judiciaires, a demandé en sa qualité pour les quatre communautés indiquées ci-dessus, l'autorisation prescrite par la loi de 1901.

Le soussigné n'entend point, du reste, renoncer par cette demande au bénéfice des autorisations sardes antérieures qu'il réserve expressément.

Chambéry, 14 septembre 1901.

F. BASILE,

*Supérieur des Capucins
de la Province de Savoie.*

CHAMBÉRY — IMPRIMERIE SAVOISIENNE

364

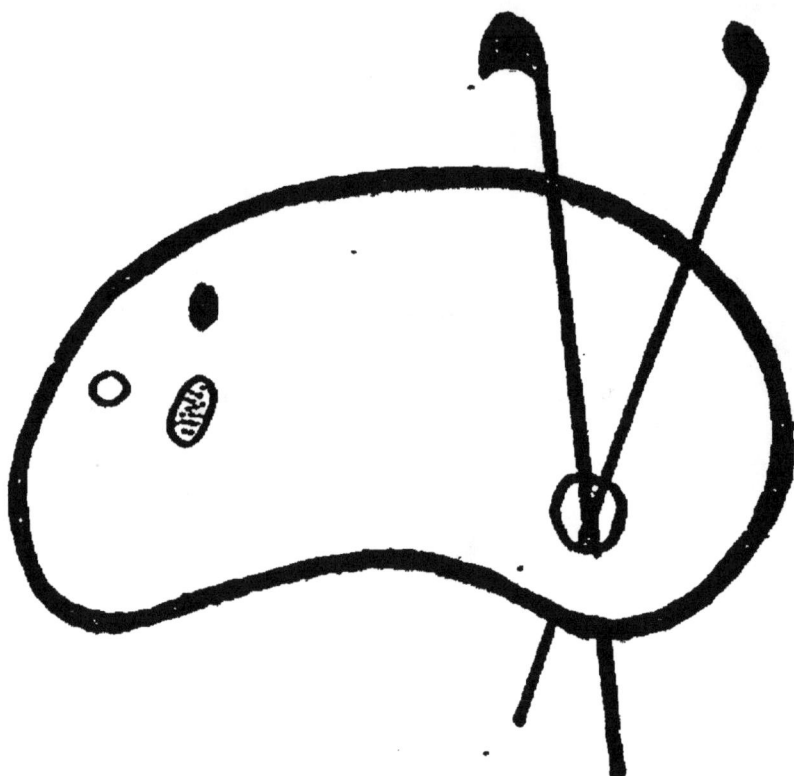

ORIGINAL EN COULEUR
NF Z 43-120-8

www.ingramcontent.com/pod-product-compliance
Lightning Source LLC
Chambersburg PA
CBHW060508200326
41520CB00017B/4953